मानव अधिकारों की सार्वभौम घोषणा
और
भारत की विधि

ब्रजकिशोर शर्मा
पूर्व अध्यक्ष, प्रतिलिप्यधिकार बोर्ड
पूर्व अपर सचिव, विधि मंत्रालय, भारत सरकार

PHI Learning Private Limited

नई दिल्ली–110001
2010

Rs. 50.00

मानव अधिकारों की सार्वभौम घोषणा और भारत की विधि

ब्रजकिशोर शर्मा

ISBN-978-81-203-4045-9

Published by Asoke K. Ghosh, PHI Learning Private Limited, M-97, Connaught Circus, New Delhi-110001 and Printed by Jay Print Pack Private Limited, New Delhi-110015.

कृष्णाय वासुदेवाय हरये परमात्मने ।
प्रणतः क्लेशनाशाय गोविंदाय नमो नमः ॥

त्वदीयम् वस्तु गोविंद तुभ्यमेव समर्पये ।
श्रीकृष्णार्पणमस्तु ।

विषय-सूची

अनुच्छेद

भूमिका

संयुक्त राष्ट्र के चार्टर में यह घोषणा की गई कि संयुक्त राष्ट्र के लोग मूल मानव अधिकारों के प्रति, मानव की गरिमा, स्त्री-पुरुष के समान अधिकार के प्रति निष्ठा को अभिपुष्ट करने के लिए संकल्प करते हैं। उद्देशिका में घोषित इस संकल्प को क्रियान्वित करने के लिए संयुक्त राष्ट्र संघ ने 10 दिसंबर 1948 को मानव अधिकारों की सार्वभौम घोषणा अंगीकार की। इसी के आधार पर विश्व के राष्ट्रों ने अपने संविधान या विधानों में उपबंध करके अपने अपने देश में मानव अधिकारों को सांविधानिक या वैधानिक अधिकार के रूप में मान्यता दी।

प्रस्तुत पुस्तक में इस घोषणा का पाठ और उस पर टिप्पणियां दी गई हैं।

भारत के संविधान, अधिनियमों और न्यायालय के निर्णयों के प्रति निर्देश किया गया है।

ब्रजकिशोर शर्मा

एम-103 धर्म अपार्टमेंट
2, इंद्रप्रस्थ विस्तार
दिल्ली-110092

मानव अधिकारों की सार्वभौम घोषणा

टिप्पणी

24 अक्तूबर 1945 को संयुक्त राष्ट्र का चार्टर प्रवृत्त हुआ। चार्टर की उद्देशिका में यह घोषणा की गई,—

हम संयुक्त राष्ट्र के लोग ...

मूल मानव अधिकारों के प्रति, मानव की गरिमा और महत्त्व के प्रति, पुरुषों और स्त्रियों ... के समान अधिकारों के प्रति निष्ठा को अभिपुष्ट करने के लिए, ...

यह संकल्प करते हैं कि इन लक्ष्यों की प्राप्ति के लिए हम संयुक्त रूप से प्रयास करेंगे।

उद्देशिका में अभिव्यक्त इन उद्देश्यों की पूर्ति के लिए संयुक्त राष्ट्र ने 10 दिसंबर 1948 को मानव अधिकारों की सार्वभौम घोषणा अंगीकार की।

इस घोषणा के पहले पैरा में **मानव परिवार के सभी सदस्यों की अंतर्निहित गरिमा और समान तथा अभेद्य अधिकारों** के प्रति निर्देश किया गया है। इस निर्देश से इस घोषणा का संबंध पूर्वोक्त संयुक्त राष्ट्र के चार्टर से जुड़ जाता है।

1948 के पूर्व की मानव अधिकारों की महत्त्वपूर्ण घोषणाएं

सार्वभौम घोषणा के पहले भी कुछ राज्यों में अति महत्त्व की घोषणाएं हुई हैं। मानव अधिकारों की राज्य द्वारा पहली स्वीकृति यूनाइटेड किंग्डम में अधिकार पत्र (Bill of Rights) है जिसमें यह कहा गया कि इंग्लैंड के लोगों के कुछ सिविल और राजनैतिक अधिकार हैं जिनका उल्लंघन नहीं किया जा सकता। यह अधिकार-पत्र 1689 में बना।

इसके पश्चात् समयक्रम में आती है अमरीका (USA) की 1776 में की गई स्वतंत्रता की घोषणा। इसमें कहा गया,–

हम यह मानते हैं कि कुछ सत्य स्वयं सिद्ध हैं। सृजनकर्ता ने सभी मानवों को समान बनाया है। कर्त्ता ने उन्हें कुछ अभेद्य अधिकार प्रदान किए हैं जिनमें हैं प्राण, स्वातंत्र्य और सुख की प्राप्ति के प्रयास का अधिकार।

अमरीका के स्वतंत्र होने के कुछ ही समय पश्चात् फ्रांस में क्रांति हुई। रूसो के स्वतंत्रता, समानता और बंधुता के प्रसिद्ध नारे ने क्रांतिकारियों का मार्गदर्शन किया। उन्होंने 1789 में मानव और नागरिक के अधिकारों की घोषणा की।

अमरीका का संविधान जब बनाया गया तो उसमें मूल अधिकारों का उल्लेख नहीं था। किंतु 1791 में संविधान का संशोधन करके उसमें अधिकार-पत्र (Bill of Rights) जोड़ा गया।

अंतरराष्ट्रीय क्षेत्र में धार्मिक स्वतंत्रता की स्थापना 1648 में वेस्टफालिया की संधि द्वारा हुई। 1815 की वियना कांग्रेस में दास प्रथा की निंदा की गई 1862 की वाशिंगटन की संधि में दास प्रथा का उत्सादन कर दिया गया। 1856 की पैरिस की घोषणा से युद्ध के नियम पहली बार संहिताबद्ध किए गए। 1864 और 1906 के जिनेवा कन्वेंशन और 1899 और 1907 के हेग कन्वेंशन से युद्ध की विधि को संशोधित करके अंतिम रूप दिया गया। 1864 में रेडक्रास की स्थापना हुई।

1948 के पश्चात् की महत्त्वपूर्ण मानव अधिकार घोषणाएं

जब मानव अधिकारों की घोषणा 1948 में की गई तब भारत की संविधान सभा संविधान की रचना कर रही थी। हमारे संविधान में एक विस्तृत अधिकार-पत्र है।

1948 की घोषणा के पहले पं. मोतीलाल नेहरू की अध्यक्षता में

एक सर्वदलीय समिति ने भारत के लिए एक संविधान 1928 में तैयार किया था। इस संविधान में भी अभेद्य अधिकार थे।

1960 में कनाडा ने अधिकार-पत्र अधिनियमित किया। यह साधारण विधायन था। 1982 में कनाडा ने अपना नया संविधान बनाया जिसमें अधिकारों और स्वतंत्रताओं का चार्टर है।

यूरोप का **मानव अधिकारों और मूल स्वतंत्रताओं के संरक्षण के लिए अभिसमय (convention)** सितंबर 1953 में प्रवृत्त हुआ। 1965 में यूरोपीय परिषद् के कुछ सदस्य राज्यों ने *यूरोपीय सामाजिक व्यवस्था* अंगीकार की। चार्टर और उसके अतिरिक्त प्रोटोकोलों द्वारा मानव अधिकार के अभिसमय में अनेक आर्थिक और सामाजिक अधिकार जोड़े गए।

ब्रिटिश पार्लमेंट ने 1998 में मानव अधिकार अधिनियम पारित किया।

सन् 2000 में यूरोपीय संघ ने *यूरोपीय संघ का मूल अधिकार का चार्टर* अधिनियमित किया।

दूसरी पीढ़ी

संयुक्त राष्ट्र ने मानव अधिकारों की घोषणा करके संतोष नहीं किया। अनेक दूसरे अधिकार घोषित किए गए। ये सभी महत्त्वपूर्ण अधिकार हैं। इन्हें दूसरी पीढ़ी के मानव अधिकार कहते हैं। इसमें मुख्य रूप से हैं,—

1. आर्थिक, सामाजिक और सांस्कृतिक अधिकार अंतरराष्ट्रीय प्रसंविदा 1976।
2. सिविल और राजनैतिक अधिकार अंतरराष्ट्रीय प्रसंविदा 1976।

तीसरी पीढ़ी

मानव अधिकार का संसार निरंतर वृद्धिगत है। संयुक्त राष्ट्र ने अनेक

अभिसमय अंगीकार किए हैं। इनमें से प्रत्येक मानव अधिकारों के विशिष्ट आयाम को स्पर्श करता है। इन्हें प्रायः तीसरी पीढ़ी के मानव अधिकार कहते हैं। उदाहरणार्थ :

1. महिलाओं के विरुद्ध सब प्रकार के विभेद मिटाने का अमिसमय, 1981।
2. यातना और क्रूर, अमानवीय, या तिरस्कारपूर्ण व्यवहार या दंड के विरुद्ध अभिसमय, 1984।
3. बाल अधिकार अमिसमय, 1989।

   (और भी अनेक हैं। ये तीन उदाहरणस्वरूप हैं)

पूर्वोक्त के अतिरिक्त अनेक घोषणाएं, मार्गदर्शक, और सिद्धांत हैं जो संयुक्त राष्ट्र महासभा ने अंगीकार किए हैं। इनका उद्देश्य राज्यों को मानव अधिकार संबंधी विधान बनाने के लिए प्रोत्साहित करना है।

उदाहरण :

(क) विकलांगों के अधिकार की घोषणा, 1975।

(ख) स्त्रियों के विरुद्ध हिंसा को मिटाने की घोषणा 1993।

इस प्रकार की अनेक घोषणाएं हैं। भारत ने विधान बनाकर इन घोषणाओं को प्रवृत्त किया है।

संयुक्त राष्ट्र द्वारा अंगीकृत कुछ घोषणाएं, मार्गदर्शक और सिद्धांत मानव अधिकारों के विशिष्ट पहलुओं से संबद्ध हैं।

उदाहरण :

(क) मानव अधिकार और अतीव निर्धनता, 2002।

(ख) मानव अधिकार और आतंकवाद, 2002।

(ग) मानव अधिकार और सांस्कृतिक विविधता, 2002।

संयुक्त राष्ट्र ने अब तक मानव अधिकारों के संबंध में 100 से अधिक विलेख अंगीकार किए हैं।

संयुक्त राष्ट्र ने मानव अधिकार आयोग की भी स्थापना की है।

10 दिसंबर मानव अधिकार दिवस घोषित किया गया है।

इस्लामी दृष्टिकोण

सऊदी अरब, पाकिस्तान, ईरान, सूडान और अनेक अन्य राज्यों ने मानव अधिकार की घोषणा पर आक्षेप किया है और उसकी आलोचना की है। उनका यह मत है कि यह इस्लाम के विरुद्ध है और उनके धर्म के सिद्धांतों का उल्लंघन करती है। ईरान ने 1981 में संयुक्त राष्ट्र में यह कहा कि यह घोषणा यहूदियों और ईसाइयों के अनुसार पंथनिरपेक्ष घोषणा है किंतु यदि मुस्लिम इसे लागू करते हैं तो वह इस्लाम के विपरीत हो जाएगा।

इस्लाम में आस्था रखने वाले अर्थात् मोमिन को अन्य लोगों के (जो इस्लाम को नहीं मानते हैं) समान नहीं समझा जा सकता। स्त्रियों को पुरुष के समकक्ष नहीं रखा जा सकता। अधिकांश मुस्लिम राज्यों में अन्य धर्मों के अनुयायियों को उपासना का अधिकार नहीं है। कुछ सुन्नी देशों में तो शिया के साथ भी समान व्यवहार नहीं किया जाता। पाकिस्तान में अहमदी (कादियानी) लोगों को मुसलमान नहीं माना जाता।

इस्लामी राज्यों के संगठन में 57 राज्य हैं। 30 जनवरी 2000 को इस संगठन ने इस्लाम में मानव अधिकारों की कैरो घोषणा को समर्थन देने का संकल्प पारित किया। यह एक अनुकल्पी दस्तावेज है जिसमें कहा गया है कि लोगों को इस्लामी शरिया के अनुसार स्वतंत्रता और गरिमापूर्ण जीवन का अधिकार है।

इस सब शब्दजाल के पीछे तथ्य यह है कि मुस्लिम देशों ने मानव अधिकार की घोषणा को स्वीकार करने से इंकार कर दिया है और स्त्रियों और गैर-मुसलमानों को मानव अधिकार से वंचित रखा है।

यह भी ध्यान देने योग्य है कि दो-चार देशों को छोड़कर मुस्लिम राज्यों में लोकतंत्र नहीं है। जनता को केवल वही अधिकार हैं जो शासक (राजा या अधिनायक) उन्हें प्रदान करे। उनके कोई नैसर्गिक अधिकार नहीं हैं।

मानव अधिकारों की सार्वभौम घोषणा

उद्देशिका

मानव परिवार के सभी सदस्यों की अंतर्निहित गरिमा और समान तथा अभेद्य अधिकार विश्व में स्वतंत्रता, न्याय और शांति के आधार हैं,

मानव अधिकारों की उपेक्षा और अवमान के परिणामस्वरूप ऐसे बर्बर कार्य हुए हैं जिन्होंने मानव की अंतरात्मा पर आघात किया है, और ऐसे विश्व के निर्माण को, जिसमें सभी मानव वाक स्वातंत्र्य और विश्वास की स्वतंत्रता का तथा भय और अभाव से मुक्ति का उपभोग करेंगे जिसे जनसामान्य की उच्चतम आकांक्षा घोषित किया गया है,

यदि मनुष्य की अत्याचार और उत्पीड़न के विरुद्ध अंतिम अस्त्र के रूप में विद्रोह का अवलंब लेने के लिए विवश नहीं किया जाना है तो यह आवश्यक है कि मानव अधिकारों का संरक्षण विधि सम्मत शासन द्वारा किया जाना चाहिए,

यह कि राष्ट्रों के बीच मैत्रीपूर्ण संबंधों के विकास की वृद्धि करना आवश्यक है,

संयुक्त राष्ट्र के लोगों ने चार्टर में मूल मानव अधिकारों में मानव देह की गरिमा और महत्त्व तथा पुरुषों और स्त्रियों के समान अधिकारों में अपने विश्वास की पुनः पुष्टि की है और सामाजिक प्रगति करने तथा अधिकाधिक स्वतंत्रता के साथ उत्कृष्ट जीवन स्तर की प्राप्ति का निर्णय किया है,

सदस्य राज्यों ने यह प्रतिज्ञा की है कि वे संयुक्त राष्ट्र के सहयोग से मानव अधिकारों और मूल स्वतंत्रताओं के प्रति सार्वभौम सम्मान जाग्रत करेंगे और उनका पालन कराएंगे,

इन अधिकारों और स्वतंत्रताओं के प्रति एक ही दृष्टि इस प्रतिज्ञा को पूरी तरह सफल बनाने के लिए अत्यधिक महत्त्वपूर्ण है,

इसलिए,

महासभा

मानव अधिकारों की इस सार्वभौम-घोषणा को सभी लोगों और सभी राष्ट्रों के लिए इस उद्देश्य की प्राप्ति के लिए एक सामान्य मानक के रूप में उद्घोषित करती है कि प्रत्येक व्यक्ति और समाज का प्रत्येक अंग, इस घोषणा को निरंतर ध्यान में रखते हुए, शिक्षा और संस्कार द्वारा इन अधिकारों और स्वतंत्रताओं के प्रति सम्मान जागृत करेगा और राष्ट्रीय तथा अंतरराष्ट्रीय प्रगामी उपायों के द्वारा, सदस्य राज्यों के लोगों के बीच और उनकी अधिकारिता के अधीन राज्यक्षेत्रों के लोगों के बीच इन अधिकारों की विश्वव्यापी और प्रभावी मान्यता और उनके पालन को सुनिश्चित करने के लिए प्रयास करेगा।

अनुच्छेद 1

सभी मनुष्य जन्म से ही गरिमा और अधिकारों की दृष्टि से स्वतंत्र और समान हैं। उन्हें बुद्धि और अंतश्चेतना प्रदान की गई है। उन्हें परस्पर भ्रातृत्व की भावना से कार्य करना चाहिए।

टिप्पणी

अनुच्छेद यह घोषणा करता है कि सभी मानव स्वतंत्र और समान हैं। प्रत्येक को स्वतंत्रता का समान अधिकार है। स्वतंत्रता आत्यंतिक या अनिर्बंधित (बंधनमुक्त) नहीं हो सकती। स्वतंत्रता का अर्थ है सभ्य समाज में विधि के अधीन स्वतंत्रता। आप अपने हाथ को घुमा सकते हैं किंतु इस प्रकार कि उसका किसी अन्य व्यक्ति के शरीर से स्पर्श न हो। स्वतंत्रता का अर्थ बंधनहीन कार्य या स्वछंदता नहीं है। स्वतंत्रता का उपभोग अन्य व्यक्तियों की उसी प्रकार की स्वतंत्रता के साथ समन्वय रखते हुए किया जाना चाहिए।

समान का अर्थ समरूप नहीं है। किन्हीं भी दो मनुष्यों के शारीरिक या मानसिक गुण एक से नहीं होते। किंतु जो व्यक्ति एक सी

परिस्थिति में हैं या एक से स्तर पर हैं तो उनसे एक सा व्यवहार किया जाना चाहिए।

भारत

हमारे संविधान की उद्देशिका और अनुच्छेद 51क(ङ) में इसे समाविष्ट किया गया है।

अनुच्छेद 2

प्रत्येक व्यक्ति इस घोषणा में उपवर्णित सभी अधिकारों और स्वतंत्रताओं का हकदार है; इसमें मूलवंश, वर्ण, लिंग, भाषा, धर्म, राजनीतिक या अन्य विचार, राष्ट्रीय या सामाजिक उद्‌भव, संपत्ति, जन्म या अन्य प्रास्थिति के आधार पर कोई विभेद नहीं किया जाएगा।

इसके अतिरिक्त, किसी देश या राज्यक्षेत्र की चाहे वह स्वाधीन हो, न्यास के अधीन हो, अस्वशासी हो या प्रभुत्ता पर किसी मर्यादा के अधीन हो राजनीतिक, अधिकारिता-विषयक या अंतरराष्ट्रीय प्रास्थिति के आधार पर उस देश या राज्यक्षेत्र के किसी व्यक्ति से कोई विभेद नहीं किया जाएगा।

टिप्पणी

अनुच्छेद 2 और 7 को एक साथ पढ़ना चाहिए क्योंकि ये परस्पर जुड़े हुए हैं और एक ही भूमि पर हैं। ये दो अनुच्छेद असमान व्यवहार का निवारण करने के लिए साधारण मार्गदर्शन प्रदान करते हैं। असमान व्यवहार विभेदकारी कहलाता है। अनुच्छेद 2 में यह अधिकथित है कि घोषणा में जो अधिकार और स्वतंत्रताएं प्रदान की गई हैं वे सभी लोगों में निहित होंगी। मूलवंश, रंग, लिंग, धर्म आदि के आधार पर कोई अंतर नहीं किया जाएगा। अनुच्छेद 7 यह सुनिश्चित करता है कि राज्य ऐसी विधिक व्यवस्था बनाएंगे जिसमें सबको संरक्षण मिले। किसी व्यक्ति या समूह को कोई वरीयता नहीं दी जाएगी। समता तो विधिसम्मत शासन का एक आवश्यक अंग है।

दासप्रथा का उन्मूलन बहुत पहले कर दिया गया किंतु दक्षिण अफ्रीका में रंगभेद 1990 तक चलता रहा। दुख की बात है कि मूलवंश आधारित विभेद (racism) सूडान, रवांडा, एरिट्रिया और तत्समय के यूगोस्लाविया के कुछ भागों में आज भी विद्यमान हैं। अधिकांश मुस्लिम राज्य धर्म या संप्रदाय (sect) के आधार पर विभेद करते हैं।

भारत

हमारे संविधान के अनुच्छेद 14 में सुंदर शब्दों में समता के अधिकार के दोनों पक्षों को समाहित किया गया है। इसमें *विधि के समक्ष समता* और *विधियों का समान संरक्षण* अभिव्यक्तियों का प्रयोग किया गया है।

समता के अधिकार की प्रतिभूति के बारे में निर्णय निम्नांकित हैं,–

1. *रामकृष्ण डालमिया* बनाम *जस्टिस तेंडुलकर*, ए.आइ.आर. 1958 एस.सी. 538।
2. *आर.के. गर्ग* बनाम *भारत संघ*, ए.आइ.आर. 1981 एस.सी. 2138।
3. *डी.एस. नाकरा* बनाम *भारत संघ*, ए.आइ.आर. 1983 एस.सी. 130।
4. *एम. नागराज* बनाम *भारत संघ* (2006) 8 एस.सी.सी. 212।

अनुच्छेद 14 समता का अधिकार प्रदान करता है। अनुच्छेद 15, 16 और 39क भी इसी अधिकार की पुष्टि करते हैं। सिविल अधिकार संरक्षण अधिनियम, 1955 इसका अनुपालन सुनिश्चित करता है।

अनुच्छेद 3

प्रत्येक व्यक्ति को प्राण, स्वतंत्रता और दैहिक सुरक्षा का अधिकार है।

टिप्पणी

राज्य की स्थापना के पीछे आधारभूत लक्ष्य नागरिकों के जीवन को संरक्षण प्रदान करना था। दूसरे शब्दों में राज्य का जन्म ही प्राणों की रक्षा सुनिश्चित करने के लिए हुआ। केवल राज्य को ही यह शक्ति है कि वह किसी व्यक्ति से जीवन का अधिकार छीन सकता है। किंतु यह भी विधि के अनुसार और दुर्लभ मामलों में ही हो सकता है।

कुछ अफ्रीकी देशों में जैसे सूडान, एरिट्रिया, कांगो, यूगांडा आदि में और उत्तरी कोरिया में जिनमें अधिनायक शासन कर रहे हैं लाखों व्यक्ति मार डाले गए, कारागार में डाले गए या लापता कर दिए गए।

कुछ मुस्लिम देशों में हाथ पैर काटने की या पत्थर मारकर प्राण दंड की या सार्वजनिक स्थल पर कोड़े लगाने का दंड देने की व्यवस्था है। ये अमानुषिक दंड इस अनुच्छेद का उल्लंघन करते हैं।

कुछ साम्यावादी देशों में जैसे रूस, चीन, कंबोजिया, क्यूबा, पोलेंड, हंगरी आदि में शासकों द्वारा लगभग 9 करोड़ लोग मार दिए गए। यह संख्या द्वितीय महायुद्ध (1939–1945) में मारे गए लोगों की संख्या की दोगुनी है।

भारत

यह अधिकार संविधान अनुच्छेद 21 में प्रतिष्ठित है। मृत्यु दंड देने की प्रक्रिया और वे अपराध जिनके लिए मृत्यु दंड दिया जा सकता है दंड प्रक्रिया संहिता और भारतीय दंड संहिता में अंतर्विष्ट है। विधि की प्रक्रिया ऐसी है कि अभियुक्त को निष्पक्ष प्राधिकरण द्वारा ऋजु सुनवाई की गारंटी है। संविधान में क्षमादान, लघूकरण आदि के लिए उपबंध हैं।

उच्चतम न्यायालय अनुच्छेद 21 का उदारतापूर्ण निर्वचन करके इसका विस्तार कर दिया है। इसमें अनेक मानव अधिकार स्थान पा गए हैं। इस संबंध में महत्त्वपूर्ण निर्णय हैं,–

1. गरिमापूर्ण जीवन व्यतीत करने का अधिकार

   फ्रांसिस कोराली बनाम *प्रशासक, दिल्ली संघ राज्य क्षेत्र*, ए.आइ.आर. 1981 एस.सी. 746।

2. आवास का अधिकार।

   उत्तर प्रदेश आवास एवं विकास परिषद् बनाम *फ्रेंड्स कोआपरेटिव*, ए.आइ.आर. 1996 एस.सी. 114।

3. एकांतता (प्राइवेसी) का अधिकार

   पीपुल्स यूनियन फार सिविल लिबर्टीज़ बनाम *भारत संघ*, ए.आइ.आर. 1997 एस.सी. 568।

4. शीघ्र विचारण का अधिकार

   ए.आर. अनतुले बनाम *आर.एस. नाइक* (1992) 1 एस.सी.सी. 225।

5. स्वस्थ जीवन जीने का अधिकार

   टी.एन. गुडावर्मन तिरुमुलपाद बनाम *भारत संघ* (2006) 1 एस.सी.सी. 1।

6. बंदियों के अधिकार

   सुनील बत्रा बनाम *दिल्ली प्रशासन*, ए.आइ.आर. 1978 एस.सी. 1675।

7. स्त्रियों से दुर्व्यवहार के विरुद्ध अधिकार

   विशाखा बनाम *राजस्थान राज्य*, ए.आइ.आर. 1997 एस.सी. 3011।

अनुच्छेद 4

किसी भी व्यक्ति को दास या गुलाम नहीं रखा जाएगा; सभी प्रकार की दासता और दास-व्यापार प्रतिषिद्ध होगा।

टिप्पणी

जब हम दास प्रथा की चर्चा करते हैं तो हमारे मस्तिष्क में ऐसे व्यक्ति की छवि आती है जो जंजीरों से बंधा हुआ है और जिसे खुले बाजार में बोली लगाकर बेचा जा रहा है। इस प्रकार की दास प्रथा जो सऊदी

अरब, इराक, मध्य एशिया और अमरीका में प्रचलित थी अब विधि विरुद्ध घोषित कर दी गई है। किंतु अपने नरम रूप में यह प्रथा विद्यमान है। बंधुआ प्रथा में जो व्यक्ति रुपए उधार लेता है वह बिना मजदूरी के तब तक काम करता है जब तक कि ऋण और ब्याज चुकता न हो जाए। कुछ स्थानों पर बच्चों को बेच दिया जाता है। विवाह के कुछ ऐसे प्रकार हैं जिनमें स्त्री को इंकार करने का अधिकार नहीं है। उसकी इच्छा के विरुद्ध विवाह हो जाता है। पति की मृत्यु के पश्चात् उसे संपत्ति में उत्तराधिकार नहीं होता। पति की मृत्यु के बाद वह किसी अन्य को अंतरित की जा सकती है। मानवों का दुर्व्यापार भी प्रचलित है। बालश्रम भी एक प्रकार से बलात् श्रम ही है।

भारत

भारत के संविधान के अनुच्छेद 17, 23 और 51क(ङ) इस अधिकार से संबद्ध हैं। अनुच्छेद 17 ने अस्पृश्यता का उन्मूलन कर दिया। अनुच्छेद 23 मानव के दुर्व्यापार और बलात् श्रम का प्रतिषेध करता है। अनुच्छेद 51क(ङ) ऐसी प्रथाओं को त्यागने को कहता है जो स्त्रियों के सम्मान के विरुद्ध हैं। कुछ अधिनियम भी इससे संबद्ध हैं—सिविल अधिकार संरक्षण अधिनियम, 1955; स्त्री तथा लड़की अनैतिक व्यापार दमन अधिनियम, 1956; बंधित श्रम पद्धति (उत्सादन) अधिनियम, 1976।

महत्त्वपूर्ण वाद हैं,—

एम.सी. मेहता बनाम *तमिलनाडु राज्य*, ए.आइ.आर. 1997 एस.सी. 699।

बंधुआ मुक्ति मोर्चा बनाम *भारत संघ*, ए.आइ.आर. 1997 एस.सी. 2218।

अनुच्छेद 5

किसी भी व्यक्ति को यंत्रणा नहीं दा जाएगी या उसके साथ क्रूर, अमानवीय या अपमानजनक व्यवहार नहीं किया जाएगा या उसे ऐसा दंड नहीं दिया जाएगा।

टिप्पणी

संयुक्त राष्ट्र महासभा ने 10 दिसंबर 1984 को यातना और क्रूर, अमानवीय या तिरस्कारपूर्ण व्यवहार या दंड के विरुद्ध अभिसमय पारित किया। अभिसमय में यातना की परिभाषा है कि वह कार्य जिसके द्वारा किसी व्यक्ति को पीड़ा या कष्ट पहुंचाकर उससे कोई जानकारी या संस्वीकृति ली जाती है या उसे अन्य दंड देने के लिए या प्रपीड़ित करने के लिए या किसी अन्य प्रयोजन के लिए ऐसा किया जाता है। यातना के उदाहरण हैं मारना (पीटना), ऐसी प्रक्रिया करना जिससे पीड़ा होती है, कई दिनों तक लगातार प्रश्न पूछना और सोने नहीं देना, अंधेरी कोठरी में जो स्वास्थ्य के लिए हानिकर हो बंद रखना, बेड़ी पहनाकर रखना आदि।

संयुक्त राष्ट्र ने बंदियों के लिए न्यूनतम मानक निर्धारित करते हुए एक अभिसमय अंगीकार किया है।

भारत

संविधान का अनुच्छेद 20(3) किसी व्यक्ति को जो किसी अपराध का अभियुक्त है, अपने विरुद्ध साक्षी बनने के लिए विवश करने का प्रतिषेध है। दंड प्रक्रिया संहिता, सीमा-शुल्क अधिनियम और अनेक अधिनियमों में मनमानी तलाशी और अभिग्रहण के विरुद्ध उपबंध हैं। भारतीय साक्ष्य अधिनियम, 1872 की धारा 132 और 148 में भी स्वतः को अपराधी बनाने के विरुद्ध सीमित संरक्षण प्रदान किया गया है।

इस विषय के निम्नलिखित निर्णय हैं,—

एम.पी. शर्मा बनाम *सतीशचंद्र*, ए.आइ.आर. 1964 एस.सी. 300।

मुंबई राज्य बनाम *काठी कालू*, ए.आइ.आर. 1961 एस.सी. 1808।

अनुच्छेद 6

प्रत्येक व्यक्ति को सर्वत्र विधि के समक्ष व्यक्ति के रूप में मान्यता का अधिकार है।

टिप्पणी

इसका सीधा सादा अर्थ यह है कि प्रत्येक मानव विधिक व्यक्ति है। उसका विधिक व्यक्तित्व है। उसमें अधिकार और कर्त्तव्य निहित होते हैं। पूर्व में दासों, स्त्रियों और कुछ अन्य व्यक्तियों के या तो अधिकार और कर्त्तव्य होते ही नहीं ये या होते थे तो निर्बंधित अर्थात् कम होते थे। इस विषय में नागरिक और विदेशियों के बीच विभेद नहीं किया जा सकता।

अनुच्छेद 7

> सभी व्यक्ति विधि के समक्ष समान हैं और किसी विभेद के बिना विधि के समान संरक्षण के हकदार हैं। सभी व्यक्ति इस घोषणा के अतिक्रमण में विभेद के विरुद्ध और ऐसे विभेद के उद्दीपन के विरुद्ध समान संरक्षण के हकदार हैं।

टिप्पणी

इस अनुच्छेद पर अनुच्छेद 2 के साथ विचार किया जा चुका है।

अनुच्छेद 8

> प्रत्येक व्यक्ति को संविधान या विधि धारा प्रदत्त मूल अधिकारों का अतिक्रमण करने वाले कार्यों के विरुद्ध सक्षम राष्ट्रीय अधिकरणों द्वारा प्रभावी उपचार का अधिकार है।

टिप्पणी

अनुच्छेद 8 ऐसे अधिकार का सृजन करता है जिससे दूसरे अधिकार वास्तविक और प्राप्य बन जाते हैं। इसमें अधिकथित है कि सभी राज्य एक न्यायालय या अधिकरण स्थापित करेंगे जिसमें वह व्यक्ति अभ्यावेदन कर सकेगा जिसके अधिकार का हनन हुआ है। किंतु ऐसा न्यायालय केवल वही याचिकाएं ग्रहण करेगा जो संविधान द्वारा या राज्य की विधि द्वारा प्रत्याभूत अधिकारों से संबद्ध हैं। दूसरे शब्दों में मानव अधिकारों की सार्वभौम घोषणा को प्रवृत्त नहीं कराया जा सकता। वही

अधिकार प्रवृत्त कराए जा सकते हैं जो राज्य विधि द्वारा प्रदान किए गए हैं।

भारत

संविधान का अनुच्छेद 32 मूल अधिकारों को प्रवर्तित कराने के अधिकार को प्रत्याभूत करता है। अनुच्छेद 226 में उच्च न्यायालयों को, मूल अधिकारों को प्रवर्तित कराने का अधिकार दिया गया है। अनुच्छेद 39क समान न्याय और निःशुल्क विधिक सहायता का उपबंध करता है।

अनुच्छेद 32 के लिए निम्नांकित निर्णय हैं,—

1. *दरयाव* बनाम *उत्तर प्रदेश राज्य*, ए.आइ.आर. 1961 एस.सी. 1457।
2. *कोचुन्नी* बनाम *मद्रास राज्य*, ए.आइ.आर. 1959 एस.सी. 725।
3. *फर्टिलाइजर कारपोरेशन आफ इंडिया* बनाम *भारत संघ*, ए.आइ.आर. 1981 एस.सी. 344।

अनुच्छेद 226 के प्रमुख निर्णय हैं,—

1. *बासप्पा* बनाम *नागप्पा*, ए.आइ.आर. 1954 एस.सी. 440।
2. *उड़ीसा राज्य* बनाम *मदनगोपाल*, ए.आइ.आर. 1952 एस.सी. 12।

अनुच्छेद 39क के लिए प्रमुख निर्णय हैं,—

1. *हुसैनारा* बनाम *होम सेक्रेटरी*, ए.आइ.आर. 1979 एस.सी. 1369।
2. *एम.एच. होस्कोट* बनाम *महाराष्ट्र राज्य*, ए.आइ.आर. 1978 एस.सी. 1548।

अनुच्छेद 9

किसी भी व्यक्ति को मनमाने ढंग से गिरफ्तार, निरुद्ध या निर्वासित नहीं किया जाएगा।

टिप्पणी

इस अनुच्छेद में और इसके पश्चात् के अनुच्छेद 10 और 11 में वे रक्षोपाय बताए गए हैं जो प्रत्येक विधिक प्रणाली में होने चाहिए ताकि मानव अधिकारों को प्रवर्तित किया जा सके।

यह अनुच्छेद छोटा किंतु स्पष्ट है। किसी को भी गिरफ्तार करने और निरुद्ध करने की मनमानी शक्ति नहीं होनी चाहिए। यह शक्ति स्पष्ट रूप से परिभाषित और परिनिश्चित होनी चाहिए। यह शक्ति विधि द्वारा मर्यादित होनी चाहिए (देखिए आगे अनुच्छेद 11 के नीचे दी गई टिप्पणी)।

अनुच्छेद 10

प्रत्येक व्यक्ति अपने अधिकारों और बाध्यताओं के और उसके विरुद्ध आपराधिक आरोप के अवधारण में पूर्णतया समान रूप से स्वतंत्र और निष्पक्ष अधिकरण द्वारा ऋजु और सार्वजनिक सुनवाई का हकदार है।

टिप्पणी

इस अनुच्छेद में ऋजु विचारण का मूल अधिकार है। इसमें सिविल और दांडिक दोनों कार्यवाहियां आती हैं।

सुनवाई ऋजु और सार्वजनिक होनी चाहिए। न्यायालय और अधिकरण स्वतंत्र और निष्पक्ष होने चाहिए। 'ऋजु', 'स्वतंत्र' और 'निष्पक्ष' शब्दों की कोई प्रमित परिभाषा नहीं की गई है किंतु उनकी मूल संकल्पना सर्वविदित है (देखिए आगे अनुच्छेद 11 के नीचे दी गई टिप्पणी)।

अनुच्छेद 11

1. ऐसे प्रत्येक व्यक्ति को जिस पर दांडिक अपराध का आरोप है, यह अधिकार है कि उसे तब तक निरपराध माना जाएगा जब तक कि उसे लोक विचारण में, जिसमें उसे अपनी प्रतिरक्षा के लिए आवश्यक सभी गारंटियां प्राप्त हों, विधि के अनुसार दोषी साबित नहीं कर दिया जाता।
2. किसी भी व्यक्ति को किसी ऐसे कार्य या लोप के कारण जो किए जाने के समय राष्ट्रीय या अंतरराष्ट्रीय विधि के अधीन दांडिक अपराध नहीं था, किसी दांडिक अपराध का दोषी अभिनिर्धारित नहीं किया जाएगा। उस शास्ति से अधिक शास्ति अधिरोपित नहीं की जाएगी जो उस समय लागू थी जब अपराध किया गया था।

टिप्पणी

अनुच्छेद 11 में चार आधारित सिद्धांत हैं,–

1. *निर्दोष होने की उपधारणा*–इसका अर्थ है कि कोई भी व्यक्ति अपराधी या दोषी नहीं माना जाएगा जब तक कि उसके विरुद्ध लगाया गया आरोप साबित नहीं हो जाता। राज्य का दायित्व है कि वह साबित करे कि अभियुक्त ने अपराध किया है। मात्र अभिकथन करने से कि किसी ने कोई अपराध किया है कुछ साबित नहीं होता। साबित करने का भार राज्य पर होता है।
2. *प्रतिरक्षा का अधिकार*–अभियुक्त को अपनी प्रतिरक्षा करने का पूरा अवसर दिया जाना चाहिए। इसका अर्थ यह हुआ कि उसे सुसंगत दस्तावेज दिए जाने चाहिए। उसे अपने साक्षियों को उपस्थित कराने का और साक्ष्य प्रस्तुत करने का अधिकार होना चाहिए। इसमें साक्षी की प्रतिपरीक्षा का अधिकार, और अपनी इच्छानुसार विधिक प्रतिनिधि के माध्यम से भाग लेने का अधिकार सम्मिलित है।

3. *सार्वजनिक सुनवाई का अधिकार*—न्यायालयों को सार्वजनिक रूप से अर्थात् सबके सामने कार्य करना चाहिए। विचारण बंद कमरे में नहीं होना चाहिए। न्यायालय द्वारा पारित आदेश में साक्ष्य का मूल्यांकन होना चाहिए और जो निष्कर्ष निकाले गए हैं उनके कारण पूरी तरह से दिए जाने चाहिए। ऐसा करने से लोग स्वयं यह निर्णय कर सकेंगे कि विनिश्चय सही है या नहीं।
4. *दांडिक विधि भूतलक्षी नहीं हो सकती*—यदि कोई व्यक्ति आज कोई कार्य करता है जो विधिक है तो कल राज्य यह घोषित नहीं कर सकता कि उस कार्य को अपराध माना जाएगा। इसका यह भी अर्थ है कि पूर्व में किए गए अपराध के लिए दंड की मात्रा में वृद्धि नहीं की जा सकती। दांडिक विधि केवल भविष्य में ही लागू हो सकती है। अर्थात् केवल भविष्यलक्षी हो सकती है।

भारत

गिरफ्तार करने और निरुद्ध करने की शक्ति स्वेच्छाचारी नहीं हो सकती। यह सुनिश्चित किया गया है संविधान के अनुच्छेद 22 से और दंड प्रक्रिया संहिता की धारा 49, 50, 56 और 57 से। (मानव अधिकार की घोषणा का अनुच्छेद 9)।

उक्त घोषणा के अनुच्छेद 10 की अपेक्षा की पूर्ति करता है संविधान का अनुच्छेद 50, भाग 5 का अध्याय 4, भाग 6 के अध्याय 5 और 6 और दंड प्रक्रिया संहिता की विभिन्न धाराएं विशेषकर धारा 55, 303, 304, 310, 327, 461 और 479।

उक्त घोषणा के अनुच्छेद 11 में जो रक्षोपाय बताए गए हैं—अभियुक्त की निर्दोषता की उपधारणा और प्रतिरक्षा का अधिकार—वे दंड प्रक्रिया संहिता में समाहित हैं। भूतलक्षी विधि और पहले से अधिक शास्ति (penalty) अधिरोपित करने को संविधान के अनुच्छेद 20(1) द्वारा प्रतिषिद्ध किया गया है। अनुच्छेद 20 एक पग आगे जाकर यह

घोषणा करता है कि किसी व्यक्ति को एक ही अपराध के लिए एक बार से अधिक अभियोजित और दंडित नहीं किया जाएगा।

इन अनुच्छेदों से संबंधित निर्णय हैं,–

1. *केदारनाथ* बनाम *पश्चिमी बंगाल राज्य*, ए.आइ.आर. 1953 एस.सी. 404।
2. *कमला* बनाम *महाराष्ट्र राज्य*, ए.आइ.आर. 1981 एस.सी. 814।
3. *मध्य प्रदेश राज्य* बनाम *शोभाराम*, ए.आइ.आर. 1966 एस.सी. 1910।
4. *दस्तगीर* बनाम *मद्रास राज्य*, ए.आइ.आर. 1960 एस.सी. 756।
5. *लियो राय* बनाम *सुपरिंटेंडेंट डिस्ट्रिक्ट जेल*, ए.आइ.आर. 1950 एस.सी. 119।
6. *राज्य* बनाम *एम. कृष्णमोहन* (2007) 14 एस.सी.सी. 667।
7. *टी. नागप्पा* बनाम *वाय.आर. मुरलीधर* (2008) 5 एस.सी.सी. 633।

अनुच्छेद 12

किसी भी व्यक्ति की एकांतता, कुटुंब, घर या पत्र-व्यवहार के साथ मनमाना हस्तक्षेप नहीं किया जाएगा और उसके सम्मान और ख्याति पर प्रहार नहीं किया जाएगा। प्रत्येक व्यक्ति को ऐसे हस्तक्षेप या प्रहार के विरुद्ध विधि के संरक्षण का अधिकार है।

टिप्पणी

इस अनुच्छेद में कुछ अभिव्यक्तियां हैं जैसे एकांतता, कुटुंब, सम्मान और ख्याति। इन शब्दों का अर्थ स्थानीय रूढ़ियों और परंपराओं पर आधारित होगा। यह अधिकार ऐसा है कि इसे राष्ट्रीय विधायन द्वारा ही क्रियान्वित किया जा सकता है। प्राइवेट वार्तालाप को सुनने के लिए

अनुश्रवण की युक्तियों का प्रयोग नहीं किया जा सकता है। संगणक में भांडारित गोपनीय सामग्री को अप्राधिकृत व्यक्ति प्राप्त नहीं कर सकते।

भारत

विभिन्न अधिनियमों में अवैध संग्रहण को दंडित किया जा सकता है। कुछ दशाओं में राज्य टेलीफोन का अनुश्रवण करके जानकारी एकत्र कर सकता है। साधारणतया इसका उपयोग अपराध को रोकने और अपराधी को खोजने के लिए किया जाता है। भारतीय तार अधिनियम, 1855 में वे आधार दिए गए हैं जिनके होने पर अनुश्रवण की अनुमति दी जा सकती है।

इस विषय में निम्नांकित निर्णय हैं,—

पी.यू.सी.एल. बनाम *भारत संघ*, ए.आइ.आर. 1997 एस.सी. 568।

न्यायालयों ने उदार निर्वचन द्वारा बहुत से अधिकारों को अनुच्छेद 21 में समाविष्ट मान लिया है जैसे एकांतता का अधिकार।

सुसंगत निर्णय हैं,—

1. *खड़गसिंह* बनाम *उत्तर प्रदेश राज्य*, ए.आइ.आर. 1963 एस.सी. 1295।
2. *गोविंद* बनाम *मध्य प्रदेश राज्य*, ए.आइ.आर. 1975 एस.सी. 148।

भारतीय दंड संहिता की धाराएं 441, 447 और 499 से 503 में ये अधिकार हैं।

अनुच्छेद 13

1. प्रत्येक व्यक्ति को प्रत्येक राज्य की सीमाओं के भीतर संचरण और निवास की स्वतंत्रता का अधिकार है।
2. प्रत्येक व्यक्ति को, अपने देश को या किसी भी देश को छोड़ने और अपने देश में वापस आने का अधिकार है।

टिप्पणी

यह अनुच्छेद 2 अधिकार प्रदान करता है—देश के भीतर संचरण करने और निवास करने का अधिकार और देश से बाहर जाने और वापस आने का अधिकार।

महामारी, नैसर्गिक विपत्ति, युद्ध या सशस्त्र विद्रोह की दशा में निर्बंधन लगाए जा सकते हैं।

पिछले दो दशकों में अफ्रीका के और यूरोप के कुछ भागों में बड़ी संख्या में लोग विवश होकर अपना निवास छोड़ गए। भारत में भी तीन लाख हिंदू बहुसंख्यक मुसलमानों द्वारा आतंकित किए जाने पर कश्मीर छोड़कर पलायन कर गए। 2009 में लगभग 30 लाख लोग पाकिस्तान के स्वात क्षेत्र से अपना आवास छोड़कर अन्यत्र जाने को मजबूर हुए। यह सब मानव अधिकारों के उल्लंघन के उदाहरण हैं।

भारत

संविधान का अनुच्छेद 19(1)(घ) भारत में अबाध संचरण का और 19(1) का खंड (ङ) भारत के किसी भाग में निवास करने का अधिकार प्रदान करता है।

प्रमुख विनिश्चय हैं,—

1. *खड़कसिंह* बनाम *उत्तर प्रदेश राज्य*, ए.आइ.आर. 1963 एस.सी. 1295।

(अबाध संचरण की स्वतंत्रता)

2. *मध्य प्रदेश राज्य* बनाम *भारत*, ए.आइ.आर. 1967 एस.सी. 1170।

(निवास का अधिकार)

न्यायालयों ने अनुच्छेद 21 का निर्वचन करके उसमें देश से बाहर जाने और वापस आने का अधिकार भी उसमें सम्मिलित है, यह माना है। इस विषय में प्रमुख निर्णय हैं,—

1. *मेनका गांधी* बनाम *भारत संघ*, ए.आइ.आर. 1978 एस.सी. 597।
2. *सतवंत सिंह* बनाम *डा. रामलिंगम ए.पी.ओ. नई दिल्ली*, ए.आइ.आर. 1967 एस.सी. 1836।

अनुच्छेद 14

1. प्रत्येक व्यक्ति को उत्पीड़न के कारण अन्य देशों में शरण मांगने और लेने का अधिकार है।
2. इस अधिकार का अवलंब अराजनैतिक अपराधों या संयुक्त राष्ट्र के प्रयोजनों और सिद्धांतों के प्रतिकूल कार्यों से वास्तविक रूप से उद्‌भूत अभियोजनों की दशा में नहीं लिया जा सकेगा।

टिप्पणी

कभी कभी आंतरिक विक्षोभ या यंत्रणा के कारण लोग अपने प्राणों की रक्षा करने के लिए अपना घर बार छोड़ने को विवश हो जाते हैं। जब वे अपना देश छोड़ते हैं तो कभी कभी उनके सभी मूल्यवान अधिकार भी समाप्त हो जाते हैं। यदि वे अपने ही देश में पलायन करते हैं तो उन्हें *आंतरिक विस्थापित* व्यक्ति कहते हैं। जो अपना देश छोड़ देते हैं उन्हें *शरणार्थी* कहते हैं।

1946–1947 में और उसके पश्चात् लगभग दस वर्षों तक लगभग एक करोड़ हिंदू पाकिस्तान से भाग कर शरणार्थी के रूप में भारत आए। 1971 में बांग्लादेश में अत्याचार और दमन के कारण एक करोड़ बांग्लादेश के नागरिक भारत आए। ये लोग शरणार्थी थे। 2009 में पाकिस्तान की स्वात घाटी से 30 लाख लोग विस्थापित होकर पाकिस्तान के अन्य भागों में चले गए। तीन लाख हिंदू अपने प्राणों की रक्षा के लिए कश्मीर छोड़कर भारत में अन्यत्र चले गए। ये आंतरिक विस्थापित जन हैं। कंबोजिया और वियतनाम से भी बड़ी संख्या में लोग देश छोड़कर चले गए। यूगांडा में ईदी अमीन के शासन काल में भारतीय मूल के अनेक लोग यूगांडा छोड़कर भारत आ गए या इंग्लैंड या अन्यत्र चले गए।

भारत

1959 में चीनी अत्याचार से बचने के लिए दलाई लामा और कई हजार तिब्बती अपना देश छोड़कर भारत आए। भारत ने उन्हें शरण दी। भारत ने लगभग एक वर्ष तक 1 करोड़ बांग्लादेश के नागरिकों को शरण दी और उनका भरण-पोषण किया।

किंतु शरण देना, यह राज्य का परमाधिकार है। इसका साधिकार दावा नहीं किया जा सकता।

अनुच्छेद 15

1. प्रत्येक व्यक्ति को राष्ट्रिकता का अधिकार है।
2. किसी भी व्यक्ति को मनमाने ढंग से न तो उसकी राष्ट्रिकता से और न राष्ट्रिकता परिवर्तित करने के अधिकार से वंचित किया जाएगा।

टिप्पणी

राष्ट्रिकता से मनुष्य की पहचान होती है। राष्ट्रिकता का संबंध देश से होता है। देश एक भौगोलिक इकाई है। राज्य का यह कर्त्तव्य है कि वह अपने राष्ट्रिकों की रक्षा करे और उनके कल्याण की व्यवस्था करे। यदि किसी व्यक्ति को उसकी राष्ट्रिकता से वंचित किया जाता है तो वह कहां जाए, उसके लिए कोई स्थान नहीं रह जाता। नागरिक के रूप में उसका कोई अधिकार शेष नहीं रहता।

भारत

भारत के जो लोग श्रीलंका गए वे वहां बस गए किंतु उनमें से सबको श्रीलंका की राष्ट्रिकता नहीं मिली। 1964 में भारत और श्रीलंका के प्रधानमंत्रियों ने यह करार किया कि धीरे धीरे उनको नागरिकता प्रदान कर दी जाएगी। इसको राष्ट्रिकताहीन व्यक्तियों के बारे में *शास्त्री-सिरिमावो करार* कहते हैं।

2007 में भूटान ने अपने राज्यक्षेत्र से बड़ी संख्या में नेपाल के राष्ट्रिकों को बाहर खदेड़ दिया।

राष्ट्रिकता का अधिकार, उसे परिवर्तित करने का अधिकार, राष्ट्रिकता से वंचित किया जाना आदि के बारे में नागरिकता अधिनियम, 1955 में उपबंध हैं।

अनुच्छेद 16

1. वयस्क पुरुषों और स्त्रियों को मूलवंश, राष्ट्रिकता या धर्म के कारण किसी भी सीमा के बिना, विवाह करने और कुटुंब स्थापित करने का अधिकार है। वे विवाह के विषय में, विवाहित जीवनकाल में और उसके विघटन पर समान अधिकारों के हकदार हैं।
2. विवाह के इच्छुक पक्षकारों को स्वतंत्र और पूर्ण सम्मति से ही विवाह किया जाएगा।
3. कुटुंब समाज की नैसर्गिक और प्राथमिक सामाजिक इकाई है और इसे समाज और राज्य द्वारा संरक्षण का हकदार है।

टिप्पणी

विभिन्न धर्मों में विवाह की धारणा अलग अलग है। हिंदू समाज में अभी भी विशाल या विस्तृत कुटुंब प्रचलित है। पश्चिम में हमें संकुचित कुटुंब और एक जनक कुटुंब ही देखने में आता है। एक समय था जब साम्यवादी लोग कुटुंब को कुप्रथा मानते थे—केवल व्यष्टि ही समाज का अंग था।

मानव अधिकार घोषणा में कुटुंब को समाज की आधारिक इकाई माना गया है। व्यष्टि और समाज, दोनों का कल्याण कुटुंब पर आधारित है।

किसी को विवाह करने के लिए विवश नहीं किया जाना चाहिए। विवाह और विवाह के विघटन के संबंध में स्त्री और पुरुष को समान अधिकार होने चाहिए।

भारत

विवाह और विवाह-विच्छेद को विनियमित करने के लिए बहुत से अधिनियम हैं। ऐतिहासिक कारणों से विभिन्न धर्मों के अनुयायियों के लिए भिन्न भिन्न विधियां हैं। बाल विवाह प्रतिषेध अधिनियम, अवयस्कों के विवाह को प्रतिषिद्ध करता है। हिंदू विवाह अधिनियम, 1955 और विशेष विवाह अधिनियम, 1954 स्त्री-पुरुष को समान अधिकार प्रदान करते हैं। मुसलमानों की लागू होने वाली विधि अधिनियमित नहीं है। मुस्लिम विवाह में पति को 'तलाक' शब्द का उच्चारण करके बिना कारण के विवाह समाप्त करने का विशेषाधिकार है। यह अधिकार मुस्लिम स्त्री को नहीं है।

एक और दुखद अधिनियम है जो मुस्लिम स्त्री के लिए विभेदकारी है—मुस्लिम स्त्री (विवाह विच्छेद पर अधिकार संरक्षण) अधिनियम, 1986। इस अधिनियम के बाद से मुस्लिम स्त्री को अपने पति से भरण-पोषण की मांग करने का अधिकार नहीं है। हिंदू, ईसाई, पारसी और अन्य स्त्रियों को यह अधिकार है।

इसके समर्थनकारी उपबंध भारतीय दंड संहिता की धारा 366 और 493 से 498 तक की धाराओं में हैं।

अनुच्छेद 17

1. प्रत्येक व्यक्ति को अकेले या अन्य व्यक्तियों के साथ मिलकर संपत्ति का स्वामी बनने का अधिकार है।
2. किसी को भी उसकी सम्पत्ति से मनमाने ढंग से वंचित नहीं किया जाएगा।

टिप्पणी

संपत्ति के अधिकार को 1789 के फ्रांस के मानव और नागरिकों के अधिकार की घोषणा में स्थान दिया था। जब संयुक्त राष्ट्र संघ ने सिविल और राजनैतिक अधिकार तथा आर्थिक और सामाजिक अधिकार के दो अभिसमय अंगीकार किए उस समय लोगों का संपत्ति

के अधिकार के प्रतिकूल विचार था। इसका परिणाम यह हुआ कि संपत्ति का अधिकार इन अभिसमयों में नहीं रखा गया। अब सोवियत संघ, पूर्वी यूरोप, चीन आदि साम्यवादी राज्यों में हुए वैचारिक परिवर्तन से संपत्ति के अधिकार के प्रति दृष्टिकोण उसे मूल्यवान अधिकार के रूप में स्वीकार करने का है। सोवियत संघ की समाप्ति के पश्चात् रूस में भी संपत्ति के अधिकार को मान्यता मिल गई है।

मनुष्य के व्यक्तित्व के पूर्ण विकास के लिए संपत्ति का अधिकार आवश्यक है।

भारत

संविधान के अनुच्छेद 19 में संपत्ति का अधिकार भी था। अनुच्छेद 19(1)(च) में संपत्ति के अर्जन, धारण और व्ययन का अधिकार प्रतिष्ठापित था। अनुच्छेद 31 में संपत्ति के अनिवार्य अर्जन का प्रतिषेध था। किंतु 1979 में इसे मूल अधिकार के अध्याय से हटाकर अनुच्छेद 300क बनाकर उसमें स्थान दिया गया। अब भी यह सांविधानिक अधिकार है परंतु मूल अधिकार नहीं।

अनुच्छेद 300क द्वारा प्रदत्त अधिकार सभी व्यक्तियों को उपलब्ध है। उच्चतम न्यायालय ने यह घोषित किया है कि यद्यपि यह अधिकार मूल अधिकार नहीं है तो भी वह सांविधानिक और मानव अधिकार है जिस मामले में यह संप्रेक्षण किया गया वह है *चंडीगढ़ हाउसिंग बोर्ड* बनाम *मेजर जनरल देवेंद्र सिंह* (2007) 9 एस.सी.सी. 67।

अनुच्छेद 18

प्रत्येक व्यक्ति को विचार, अंतःकरण और धर्म की स्वतंत्रता का अधिकार है; इस अधिकार के अंतर्गत अपने धर्म या विश्वास को परिवर्तित करने की स्वतंत्रता और अकेले या अन्य व्यक्तियों के साथ मिलकर तथा सार्वजनिक रूप से या अकेले या अन्य व्यक्तियों के साथ मिलकर तथा सार्वजनिक रूप से या अकेले शिक्षा, व्यवहार, पूजा और पालन में अपने धर्म या विश्वास को प्रकट करने की स्वतंत्रता भी है।

टिप्पणी

विचार, अंतःकरण और धर्म की स्वतंत्रता का अधिकार लगभग सर्वमान्य है। साम्यवादी राज्यों में धार्मिक कृत्य करने की अनुमति नहीं थी। रूस में पुराने गिरजाघरों में प्रार्थनाएं बंद कर दी गई थीं। यह एक ऐसी स्वतंत्रता है जिसे आपात में निलंबित नहीं किया जाता है।

19वीं शताब्दी तक कुछ राज्यों में जनता को एक धर्म विशेष का अनुसरण करने के लिए प्रपीड़ित किया जाता था।

सउदी अरब, सूडान और अन्य अनेक मुस्लिम राज्यों में किसी भी व्यक्ति को जो मुसलमान नहीं है सार्वजनिक रूप से अपने धर्म का पालन करने की अनुमति नहीं है।

भारत

भारत का इतिहास जब से प्रारंभ होता है तब से यह दिखाई देता है कि यहां धर्म के मामले में अत्यंत उदारता रही। राज्य ने सदैव आस्था और उपासना की विभिन्न पद्धतियों को आदर प्रदान किया। मुस्लिम शासकों ने बल और भय से बड़ी संख्या में लोगों का धर्म परिवर्तन किया। जब ब्रिटिश शासन था तब ईसाई मिशनरियों को लोभ-लालच द्वारा धर्म परिवर्तन कराने की छूट दी गई।

संविधान के अनुच्छेद 19, 25, 26, 29 और 30 में धार्मिक स्वतंत्रता को मूल अधिकार मानकर प्रत्याभूत किया गया है। भारतीय दंड संहिता की कुछ धाराएं (धारा 153क, 295 से 298) इसकी अनुपूरक हैं।

प्रमुख निर्णय हैं,—

1. *स्टेनिसलास* बनाम *मध्य प्रदेश राज्य*, ए.आइ.आर. 1977 एस.सी. 908।
2. *एम.एच. कुरेशी* बनाम *बिहार राज्य*, ए.आइ.आर. 1958 एस.सी. 731।
3. *टी.एम.ए. पाइ फाउंडेशन* बनाम *कर्नाटक राज्य* (2002) 8 एस.सी.सी. 712।

अनुच्छेद 19

प्रत्येक व्यक्ति को अभिमत और अभिव्यक्ति की स्वतंत्रता का अधिकार है; इस अधिकार के अंतर्गत हस्तक्षेप के बिना अभिमत रखने और किसी भी संचार माध्यम से और सीमाओं का विचार किए बिना जानकारी मांगने, प्राप्त करने और देने की स्वतंत्रता भी है।

टिप्पणी

इस अधिकार को अभिव्यक्ति और विचार का स्वातंत्र्य कहते हैं। प्रेस (समाचार-पत्र, रेडियो, दूरदर्शन आदि) की स्वतंत्रता इसी में आती है। प्रेस की स्वतंत्रता लोकतंत्र का आधार है। विचार की शक्ति का जन्म ही सत्य की खोज से होता है। जब अभिव्यक्ति का दमन होता है तब सर्वाधिकारवादी या अधिनायकवादी शासन जन्म लेता है। अभिव्यक्ति के अधिकार के कारण ही अन्य अधिकार सार्थक होते हैं।

भारत

यह अधिकार संविधान के अनुच्छेद 19(1)(क) में प्रतिष्ठापित है। उच्चतम न्यायालय ने बड़ी सर्तकता से इसकी रक्षा की है और इसका प्रविषय बढ़ाया है। वाणिज्यिक अभिव्यक्ति भी इसमें आती है।

प्रमुख निर्णय हैं,–

1. *रमेश थापड़* बनाम *मद्रास राज्य*, ए.आइ.आर. 1950 एस.सी. 124।
2. *सचिव आइ. एंड बी.* बनाम *क्रिकेट एसोसिएशन* (1995) 2 एस.सी.सी. 161।

अनुच्छेद 20

1. प्रत्येक व्यक्ति को शांतिपूर्वक सम्मेलन और संगम की स्वतंत्रता का अधिकार है।
2. किसी भी व्यक्ति को किसी संगम में सम्मिलित होने के लिए विवश नहीं किया जाएगा।

टिप्पणी

इस अनुच्छेद में दो अधिकारों का उल्लेख है,–

1. शांतिपूर्वक सम्मेलन का अधिकार, और
2. संगम बनाने का अधिकार।

यह अनुच्छेद किसी विशेष संगम या यूनियन में किसी को सम्मिलित करने के लिए विवश करने का प्रतिषेध करता है।

मानव मात्र का यह स्वभाव है कि वह दूसरों से मिलना जुलना चाहता है और समूह बनाना चाहता है। ये समूह या संगम लोगों के हितों की रक्षा करते हैं। संगम अपने घटकों को वाणी देते हैं और लोकतंत्र के आवश्यक उपकरण हैं।

भारत

शांतिपूर्वक सम्मेलन करने का अधिकार अनुच्छेद 19(1)(ग) में है और संगम बनाने का अधिकार 19(1)(घ) में है। व्यवसाय संघ अधिनियम, 1926 और सोसाइटी रजिस्ट्रीकरण अधिनियम, 1860 में संगमों के रजिस्ट्रीकरण का उपबंध है। राज्यों के अलग अलग सहकारी सोसाइटियों के लिए अधिनियम हैं।

सशस्त्र बलों और विधि और व्यवस्था बनाए रखने वाली सेवाओं के सदस्य (सेना, पुलिस आदि) को संगम बनाने का अधिकार नहीं है।

शांतिपूर्वक सम्मेलन के अधिकार को भारत की प्रभुता और अखंडता या लोक व्यवस्था के हित में निर्बंधित किया जा सकता है। इसी अधिकार में सभाएं करने शोभा यात्रा (जुलूस) निकालने का अधिकार आता है।

सम्मेलन के अधिकार से संबंधित प्रमुख निर्णय हैं,–

1. *कामेश्वर* बनाम *बिहार राज्य*, ए.आइ.आर. 1962 एस.सी. 1166।

संगम के अधिकार के विषय में निर्णय हैं,—

1. *मद्रास राज्य* बनाम *बी.जी. राव*, ए.आइ.आर. 1952 एस.सी. 196।
2. *ओ.के. घोष* बनाम *एफ.एक्स. जोसफ*, ए.आइ.आर. 1963 एस.सी 812।

अनुच्छेद 21

1. प्रत्येक व्यक्ति को अपने देश की सरकार में, सीधे या स्वतंत्रतापूर्वक चुने गए प्रतिनिधियों के माध्यम से, भाग लेने का अधिकार है।
2. प्रत्येक व्यक्ति को अपने देश की लोक सेवा में समान पहुंच का अधिकार है।
3. लोकमत सरकार के प्राधिकार का आधार होगा; इसकी अभिव्यक्ति आवधिक और वास्तविक निर्वाचनों में होगी, जो सार्वभौम और समान मताधिकार द्वारा होंगे और गुप्त मतदान द्वारा या समतुल्य स्वतंत्र मतदान की प्रक्रिया द्वारा किए जाएंगे।

टिप्पणी

इस अनुच्छेद के तीन भाग हैं किंतु वे मिलकर लोकतांत्रिक राज्य के आधारिक सिद्धांत घटित करते हैं। लोकतंत्र की प्रथम आवश्यकता है कि वयस्क मताधिकार के आधार पर स्वतंत्र और निष्पक्ष निर्वाचन हो। मानव अधिकार का उपभोग लोकतंत्र के वातावरण में ही हो सकता है। लोकतंत्र और मानव अधिकार एक दूसरे को बल पहुंचाते हैं। जिन देशों में अधिनायक का शासन है वहां लोकतंत्र जीवित नहीं रहता।

भारत

भारत एक जाग्रत लोकतंत्र है। निर्वाचन नियमित रूप से होते हैं और यह प्रक्रिया दिनोंदिन अधिकाधिक ऋजु और पारदर्शी होती जा रही है।

अनुच्छेद 16, 55, 56, 58, 62, 66, 67, 83, 84, 172, 173, 334 से 329 और भाग 9 तथा 9क लोकतांत्रिक शासन के आधारस्तंभ हैं। संविधान की उद्देशिका में ही भारत का लोकतंत्र घोषित किया है।

लोक प्रतिनिधित्व अधिनियम 1950 और 1951 में मतदान की प्रणाली और तंत्र का उपबंध है। संविधान में निर्वाचन का संचालन करने के लिए एक स्वतंत्र निर्वाचन आयोग के गठन का उपबंध है (अनुच्छेद 324)। भारत के राष्ट्रपति और उपराष्ट्रपति के निर्वाचन के लिए राष्ट्रपतीय और उपराष्ट्रपतीय निर्वाचन अधिनियम, 1952 में उपबंध है। संविधान के भाग 9 और 9क में ग्राम पंचायतों और नगरपालिकाओं के लिए निर्वाचन के उपबंध हैं। इनकी अनुपूर्ति के लिए राज्यों ने विधान बनाए हैं।

इस प्रकार हमारे देश में तीन स्तर पर लोकतंत्र है। नगर या ग्राम का स्तर, राज्य का स्तर और संघ का स्तर।

अनुच्छेद 22

> प्रत्येक व्यक्ति को, समाज के सदस्य के रूप में, सामाजिक सुरक्षा का अधिकार है और वह राष्ट्रीय प्रयास और अंतरराष्ट्रीय सहयोग के माध्यम से और प्रत्येक राज्य के गठन और संसाधनों के अनुसार ऐसे आर्थिक, सामाजिक और सांस्कृतिक अधिकारों को प्राप्त करने का हकदार है जो उसकी गरिमा और उसके व्यक्तित्व के उन्मुक्त विकास के लिए अनिवार्य हैं।

टिप्पणी

यह अधिकार सामाजिक सुरक्षा के अधिकार को बल देता है। व्यक्ति के समुचित विकास के लिए और आर्थिक, सामाजिक और सांस्कृतिक अधिकारों की प्राप्ति के लिए यह आवश्यक है।

भारत

इस अधिकार को संविधान की उद्देशिका और अनुच्छेद 21क, 38,

39, 45, 46 और 47 में स्थान मिला है। राष्ट्रीय ग्रामीण रोजगार गारंटी योजना, सर्वशिक्षा अभियान, निर्धनता की रेखा के नीचे जीवन यापन करने वालों को दी गई विभिन्न रियायतें, वृद्धावस्था पेंशन, निःशुल्क चिकित्सा सेवा, आदि सामाजिक कल्याण, शिक्षा आदि के क्षेत्र में उठाए गए पग हैं (अनुच्छेद 23 के नीचे की टिप्पणी देखें)।

अनुच्छेद 23

1. प्रत्येक व्यक्ति को कार्य करने का, नियोजन के स्वतंत्र चयन का, कार्य की न्यायोचित और अनुकूल दशाओं का और बेरोजगारी के विरुद्ध संरक्षण का अधिकार है।
2. प्रत्येक व्यक्ति को, किसी विभेद के बिना, समान कार्य के लिए समान वेतन का अधिकार है।
3. प्रत्येक व्यक्ति को, जो कार्य करता है, ऐसे न्यायोचित और अनुकूल पारिश्रमिक का अधिकार है जिससे स्वयं उसका और उसके कुटुंब का मानव गरिमा के अनुरूप जीवन सुनिश्चित हो जाए और, यदि आवश्यक हो तो, सामाजिक संरक्षण के अन्य साधनों द्वारा उसे अनुपूरित किया जाए।
4. प्रत्येक व्यक्ति को अपने हितों के संरक्षण के लिए व्यवसाय संघ बनाने और उनमें सम्मिलित होने का अधिकार है।

टिप्पणी

इस अनुच्छेद में कुछ मूल्यवान आर्थिक अधिकार प्रदान किए गए हैं। यह मुख्यतया समाज के निर्बल वर्गों के लाभ के लिए है। यह अंतरराष्ट्रीय श्रम संगठन (ILO) का विशेष दायित्व है कि वह कर्मकारों के हितों का संरक्षण करे।

भारत

अनुच्छेद 16, 19, 39, 41, 42, 43 और 43क मानव अधिकार के उपर्युक्त अनुच्छेद 23 के अधिकारों से संबद्ध हैं। इस विषय में जो अधिनियम हैं उनमें से प्रमुख हैं,—कर्मकार प्रतिकर अधिनियम, 1923;

व्यवसाय संघ अधिनियम, 1926; औद्योगिक विवाद अधिनियम, 1947; कारखाना अधिनियम 1948; कर्मचारी राज्य बीमा अधिनियम, 1948; न्यूनतम मजदूरी अधिनियम, 1948; खान अधिनियम, 1952; कर्मचारी भविष्यनिधि और प्रकीर्ण उपबंध अधिनियम, 1952; समान पारिश्रमिक अधिनियम, 1976, मजदूरी संदाय अधिनियम, 1936। इन अधिनियमों के अतिरिक्त कुछ अधिनियम श्रमिक वर्ग के विशिष्ट अनुभाग के लिए बनाए गए हैं जैसे मोटर परिवहन कर्मकार अधिनियम, 1961, विक्रय संवर्द्धन कर्मचारी (सेवाशर्त) अधिनियम, 1976 आदि।

अनुच्छेद 24

प्रत्येक व्यक्ति को विश्राम और अवकाश का अधिकार है जिसके अंतर्गत कार्य के घंटों की युक्तियुक्त सीमा और वेतन सहित आवधिक छुट्टियां भी हैं।

टिप्पणी

यह अंतरराष्ट्रीय स्तर पर स्वीकृत है कि श्रमिकों के लिए काम की दशा मानवीय और स्वास्थ्यरक्षक होनी चाहिए। अंतरराष्ट्रीय श्रम संगठन ने इस दिशा में बहुत सफलता प्राप्त की है।

भारत

संविधान का अनुच्छेद 43 इससे संबद्ध है। महत्त्वपूर्ण अधिनियम हैं, साप्ताहिक अवकाश अधिनियम, 1942; औद्योगिक नियोजन (स्थायी आदेश) अधिनियम, 1946; कारखाना अधिनियम, 1948 आदि। इनमें से कुछ अधिनियमों का उल्लेख ऊपर अनुच्छेद 23 की टिप्पणी में किया गया है। इस विषय में अनेक राज्य अधिनियम भी हैं जैसे दूकान और वाणिज्यिक स्थापन अधिनियम।

अनुच्छेद 25

1. प्रत्येक व्यक्ति को ऐसे जीवन स्तर का अधिकार है जो स्वयं उसके और उसके कुटुंब के स्वास्थ्य और कल्याण के लिए

पर्याप्त है, जिसके अंतर्गत भोजन, वस्त्र, मकान और चिकित्सा तथा आवश्यक सामाजिक सेवाएं भी हैं और बेरोजगारी, रुग्णता, अशक्तता, वैधव्य, वृद्धावस्था या उसके नियंत्रण के बाहर परिस्थितियों में जीवन-यापन के अभाव की दशा में सुरक्षा का अधिकार है।

2. मातृत्व और बाल्यकाल विशेष देखभाल और सहायता के हकदार हैं। सभी बच्चे, चाहे उनका जन्म विवाहित जीवनकाल में हुआ हो या अन्यथा, समान सामाजिक संरक्षण प्राप्त करेंगे।

टिप्पणी

पर्याप्त जीवन स्तर क्या होता है इसके बारे में सबका एकमत नहीं है। यह देश और संस्कृति पर निर्भर करता है। किंतु सभी इस बात पर सहमत हैं कि प्रत्येक व्यक्ति की आधारिक आवश्यकताओं की पूर्ति की जानी चाहिए। आधारिक आवश्यकताएं हैं भोजन, आवास, कपड़ा, पेय जल, सफाई और एक निश्चित स्तर तक शिक्षा। इसका यह अर्थ है कि सबका जीवन यापन के लिए कोई न कोई वृत्ति, व्यवसाय या नियोजन होना चाहिए ताकि धनोपार्जन करके अपनी मूल आवश्यकताओं की पूर्ति हो सके।

इसके बारे में तो कोई संदेह नहीं कि माताओं और शिशुओं पर विशेष ध्यान देकर उनकी देखभाल करनी चाहिए।

भारत

संविधान में अनुच्छेद 24, 39, 41, 42 और 47 में इस अधिकार को प्रतिष्ठित किया गया है। इस क्षेत्र में लागू होने वाले अधिनियम हैं,– बाल नियोजन अधिनियम, 1930; कर्मचारी राज्य बीमा अधिनियम, 1948; अनाथालय और अन्य पूर्त आश्रम (पर्यवेक्षण और नियंत्रण) अधिनियम, 1960; बालक अधिनियम, 1960 और प्रसूति प्रसुविधा अधिनियम, 1961।

इसके अतिरिक्त और भी बहुत से अधिनियम हैं जो इस अधिकार के विनिर्दिष्ट पहलुओं से संबद्ध हैं।

अनुच्छेद 26

1. प्रत्येक व्यक्ति को शिक्षा का अधिकार है। कम से कम प्राथमिक और मौलिक स्तर पर शिक्षा निःशुल्क होगी। प्राथमिक शिक्षा अनिवार्य होगी। तकनीकी और वृत्तिक शिक्षा साधारणतः उपलब्ध कराई जाएगी और उच्च शिक्षा सभी व्यक्तियों को गुणागुण के आधार पर समान रूप से प्राप्य होगी।
2. शिक्षा का लक्ष्य मानव व्यक्तित्व का पूर्ण विकास और मानव अधिकारी और मूल स्वतंत्रताओं के प्रति आदर की वृद्धि होगा। यह सभी राष्ट्रों, मूलवंश विषयक या धार्मिक समूहों के बीच समादर, सहिष्णुता और मैत्री की अनुवृद्धि के लिए उद्दिष्ट होगी और शांति बनाए रखने के लिए संयुक्त राष्ट्र के कार्यकलापों को अग्रसर करेगी।
3. माता पिता को यह चयन करने का पूर्णाधिकार है कि उनकी संतान को किस प्रकार की शिक्षा दी जाएगी।

टिप्पणी

शिक्षित व्यक्ति अपने अधिकारों के विषय में अधिक सचेत होता है। वह मानव अधिकारों के परिरक्षण और सशक्तीकरण के लिए कार्य करेगा। शिक्षा के माध्यम से मानव अपने व्यक्तित्व का पूर्ण विकास कर सकेगा।

कुछ देशों में एक निश्चित स्तर तक की शिक्षा अनिवार्य और निःशुल्क है। किंतु बहुत से देशों में साक्षरता का प्रतिशत बहुत कम है। बहुत से मुस्लिम देशों में स्त्रियों को शिक्षा का अधिकार नहीं है।

शिक्षा, देश की आवश्यकताओं के अनुरूप होनी चाहिए। अधिकांश देशों में उच्च और विश्वविद्यालय की शिक्षा निःशुल्क नहीं है।

निर्धन छात्रों को छात्रवृत्ति दी जाती है। कुछ देश प्रौढ़ शिक्षा पर विशेष ध्यान दे रहे हैं।

भारत

संविधान के अनुच्छेद 15, 21क, 28, 30, 45, 46, 51 और 51क(ट) शिक्षा से संबंधित हैं। यह राज्य की नीति का निदेशक तत्त्व है कि राज्य बालकों को चौदह वर्ष की आयु पूरी करने तक निःशुल्क और अनिवार्य शिक्षा देने के लिए उपबंध करने का प्रयास करेगा। कुछ राज्यों ने विद्यालयों में अनिवार्य उपस्थिति के लिए विधि अधिनियमित की है। अनुसूचित जातियों, अनुसूचित जनजातियों और स्त्रियों की शिक्षा के लिए विशेष प्रयत्न किए जा रहे हैं। जो निर्धन हैं उन्हें छात्रवृत्ति और अन्य सहायता दी जा रही है।

सर्व शिक्षा अभियान प्रारंभ किया गया है। साक्षरता का प्रतिशत बढ़कर 61% हो गया है।

2002 में अनुच्छेद 21क अंतःस्थापित किया गया है। इसके द्वारा 6 से 14 वर्ष तक के बालकों के लिए शिक्षा को मूल अधिकार बना दिया गया है। शिक्षा अधिकार अधिनियम 2009 में अधिनियमित हुआ। किंतु इस अधिकार को प्रवृत्त करने के लिए आवश्यक कदम उठाना शेष है।

शिक्षा के अधिकार को अधिकार के रूप में स्वीकृति *इंस्टिट्यूट आफ फाइनेंशियल एनालिस्ट आफ इंडिया* बनाम *इंस्टिट्यूट आफ चार्टर्ड एकाउन्टेन्ट्स आफ इंडिया* (2007) 12 एस.सी.सी. 210।

अनुच्छेद 27

1. प्रत्येक व्यक्ति को समुदाय के सांस्कृतिक जीवन में मुक्त रूप से भाग लेने, कलाओं का आनंद लेने और वैज्ञानिक प्रगति और उसके फायदों में हिस्सा प्राप्त करने का अधिकार है।
2. प्रत्येक व्यक्ति को स्वनिर्मित वैज्ञानिक, साहित्यिक या

कलात्मक कृति के परिणामस्वरूप होने वाले नैतिक और भौतिक हितों के संरक्षण का अधिकार है।

टिप्पणी

संस्कृत एक शब्द है जिसमें अनेक बातें आ जाती हैं—भाषा, साहित्य, कविता, नाटक, संगीत, लोककथा, लोकगीत, भोज्य वस्तुएं, तीर्थ यात्रा, त्योहार आदि। प्रत्येक व्यक्ति को अपनी संस्कृति से परिचित होना चाहिए। यही नहीं उसे उस संस्कृति में सहभागी होना चाहिए। प्रत्येक व्यक्ति को संस्कृति की शिक्षा लेनी चाहिए और प्रदान करनी चाहिए।

इस अनुच्छेद का दूसरा भाग रचयिता की बौद्धिक संपत्ति का संरक्षण करता है।

भारत

संविधान के अनुच्छेद 29 और 30 इस अधिकार की आधारशिला हैं। ऐसे संविधान बहुत कम हैं जिनमें अभिव्यक्त रूप से यह अधिकार दिया गया हो। हमारे संविधान ने यह किया है।

इस अधिकार के दूसरे भाग को मूर्तरूप दिया है कुछ अधिनियमों ने जैसे, प्रतिलिप्यधिकार अधिनियम, 1957; डिजाइन अधिनियम, 2000; पेटेंट अधिनियम, 1970; व्यापार चिह्न अधिनियम, 1999।

अनुच्छेद 28

प्रत्येक व्यक्ति ऐसी सामाजिक और अंतरराष्ट्रीय व्यवस्था का हकदार है जिसमें इस घोषणा में वर्णित अधिकारों और स्वतंत्रताओं को पूर्णरूप से प्राप्त किया जा सकता है।

टिप्पणी

सामाजिक न्याय एक ऐसा लक्ष्य है जिसे व्यवहार में प्राप्त करना दुष्कर है। धनी और निर्धन के बीच एक गहरी खाई है। जब तक अधिकांश जनसंख्या शिष्ट जीवन स्तर नहीं पा लेती तब तक मानव अधिकार के फूलने और पल्लवित होने के लिए उचित अवसर नहीं होगा।

संयुक्त राष्ट्र ने 1986 में घोषित किया था कि विकास का अधिकार अभेद्य मानव अधिकार है।

भारत

हमारे उच्चतम न्यायालय ने एक वाद में यह संप्रेक्षण किया है कि विकास का अधिकार संविधान के अनुच्छेद 21 में समाविष्ट है। वह वाद है *इलैक्शन कमीशन आफ इंडिया* बनाम *सेंट मेरी स्कूल* (2008) 2 एस.सी.सी. 390।

अनुच्छेद 29

1. प्रत्येक व्यक्ति के उस समुदाय के प्रति कर्त्तव्य हैं, जिसमें उसके व्यक्तित्व का उन्मुक्त और पूर्ण विकास संभव है।
2. प्रत्येक व्यक्ति पर अपने अधिकारों और स्वतंत्रताओं के प्रयोग में वही मर्यादाएं लगाई जाएंगी जो अन्य व्यक्तियों के अधिकारों और स्वतंत्रताओं की सम्यक् मान्यता और सम्मान सुनिश्चित करने और प्रजातंत्रात्मक समाज में नैतिकता, लोक व्यवस्था और साधारण कल्याण की न्यायोचित अपेक्षाओं को पूरा करने के प्रयोजन के लिए विधि द्वारा अवधारित की गई हैं।
3. किसी भी दशा में इन अधिकारों, स्वतंत्रताओं का संयुक्त राष्ट्र के प्रयोजनों और सिद्धांतों के प्रतिकूल प्रयोग नहीं किया जाएगा।

टिप्पणी

यह सर्वमान्य है कि कोई अधिकार आत्यंतिक नहीं होते। यह भी सब जानते हैं कि प्रत्येक अधिकार का सहसंबंध कर्त्तव्य से होता है। यदि किसी क्षेत्र में सशस्त्र संघर्ष हो रहा है तो राज्य नागरिक के उस क्षेत्र में संचरण के अधिकार पर निर्बंधन लगा सकता है। वाक् स्वातंत्र्य का यह अर्थ नहीं है कि कोई भी कहीं भी खड़े होकर भाषण देने लगे। अधिकार का प्रयोग इस प्रकार से होना चाहिए कि वह दूसरे के

अधिकार को न्यून या कम नहीं करे। इसी प्रकार अधिकार के प्रयोग से राज्य के अस्तित्व पर संकट नहीं आना चाहिए। राज्य, लोकहित में अधिकारों के प्रयोग पर निर्बंधन लगा सकता है।

भारत

हमारा संविधान अधिकारों पर मर्यादाएं अधिरोपित करने की आवश्यकता को स्वीकार करता है। उदाहरण के लिए, सशस्त्र बलों पर संगम बनाने और सम्मेलन करने पर कुछ स्थायी निर्बंधन हैं। राज्य लोक प्रयोजन के लिए संपत्ति अर्जित कर सकता है। अनुच्छेद 19 में जिन स्वतंत्रताओं का उल्लेख किया गया है उन सब पर युक्तियुक्त निर्बंधन, उस अनुच्छेद के खंड (2) से (6) में दिए गए आधारों पर, लगाए जा सकते हैं। इसी प्रकार अनुच्छेद 25 और 26 में उल्लिखित धर्म की स्वतंत्रता, लोक व्यवस्था, नैतिकता और स्वास्थ्य के अधीन है।

1976 में एक भाग (भाग 4क, अनुच्छेद 51क) जोड़ा गया। इसके द्वारा 10 मूल कर्त्तव्य अंतःस्थापित किए गए थे। 2002 में एक कर्त्तव्य और जोड़ा गया। इसके द्वारा कर्त्तव्य पर बल दिया गया है। निर्बंधनों से संबंधित अन्य अनुच्छेद हैं 23(2), 25(1), 26(1), 31ग और 33।

अनुच्छेद 30

> इस घोषणा की किसी बात का यह निर्वचन नहीं किया जाएगा कि उसमें किसी राज्य, समूह या व्यक्ति के लिए कोई ऐसा कार्यकलाप या कोई ऐसा कार्य करने का अधिकार विवक्षित है जिसका लक्ष्य इसमें उपवर्णित अधिकारों और स्वतंत्रताओं में से किसी का विनाश करना है।

टिप्पणी

मानव अधिकार की घोषणा को इस प्रकार क्रियान्वित किया जाना चाहिए कि उससे घोषणा में समाविष्ट अधिकारों पर विपरीत प्रभाव पड़े। यह चेतावनी राज्य, समूह और व्यक्ति, सबके लिए है। इससे यह भी

तात्पर्य है कि प्रत्येक अनुच्छेद का अर्थ उसके उचित संदर्भ में लगाया जाना चाहिए। ये अनुच्छेद एक सुंदर संसार की रचना करने के लिए हैं, ऐसा संसार जहां मानव शांतिपूर्वक, परस्पर समन्वय के साथ भय और भूख से मुक्त होकर रह सके।